loqueleo

Personajes del Mundo Hispánico

Conoce a Mario Moreno "Cantinflas"

José Ignacio Valenzuela
Ilustraciones de Manuel Monroy

VISTA®
HIGHER LEARNING

loqueleo

"La primera obligación de todo ser humano es ser feliz,
la segunda es hacer feliz a los demás".

Mario Moreno "Cantinflas"

A ver, mis chamacones, contéstenme esta preguntita: ¿quién puede ser barrendero, presidente, torero, pintor, policía, profesor, sacerdote, analfabeto y muchas otras cosas más, sin tener nunca que afeitarse el bigotillo? Pos yo mero: Mario Fortino Alfonso Moreno Reyes, como me bautizaron mis padres. O Cantinflas, como me bauticé yo mismo. ¿Qué? ¿Acaso no sabían que uno se puede bautizar a sí mismo, y con el nombre que uno quiera? Pues a ustedes les falta mundología, manitos, y yo se lo voy a explicar. Para que después no me lo desnieguen. Pero, ¡atención! Porque, así como digo una cosa, después digo la otra.

6

Cuando yo era Mario Moreno, o sea en
mis años mozos de puritita juventud, quise ser
químico. Pero no me gustó. Segundamente,
quise ser boxeador. Pero con tanto trancazo
de aquí para allá y de allá para acá, tampoco
me gustó. Al poco tiempo probé suerte como
torero, pero tuve un tapujo y después otro
trastapujo, hasta que ya no pude tapujar nada
y, como quien dice, no duré mucho tiempo
frente al toro. Entonces me fui a buscar algo
nuevo que hacer a ver si así se me pasaba
el confusionismo que tenía. ¿Para qué tanto
cacareo? Cuando a uno no le gusta algo, lo
mejor es seguir buscando hasta encontrar
eso que lo hace sonreír a uno.

Porque ahí está la cosa y ahí está el detalle:
a mí siempre me gustó hacer sonreír a los demás.
Son cosas como de pálpito: yo sabía que
provocando risas iba a recorrer el mundo
y llegaría a tocarles el corazón a muchas personas.
Pero para eso necesitaba empezar de nuevo, con
otro nombre, uno que me diera confiancitas y que
me hiciera ser el mero merísimo.

—¿Y cuál es su gracia? —me preguntaron cuando fui a buscar chamba.

—La facilidad de palabra —respondí.

—Muy bien —asintieron—. Vamos a firmar contrato al despacho contiguo.

—¿Conmiguo?

—¿Cómo dice que dijo? —exclamó mi futuro jefe.

—¿Qué come que adivina? No se me agüite, carnal... ¿Dónde firmo?

Y así nació Cantinflas, chatos: un peladito de un barrio popular al que apenas le crecía el bigote, que usaba pantalones tan holgados que siempre estaban a punto de caérsele de la cintura, una camiseta blanca que le cubría el torso y un pedazo de cuero desgastado y viejo que bautizó "mi elegante gabardina".

De las carpas de comediantes donde comencé primeramente a chambear salté precipitoso a las pantallas cinematográficas de todo México. Porque aquí mismo donde me ven me convertí de cuerpo completo en estrella de cine. Y me dije: "qué tanto, mano, pos si no se puede ser actor, me retacho". Y no me tuve que retachar, porque después de la primera hice una segunda película. Y otra más. Y otra.

Y entonces, vieran que se me ocurrió que en todas las películas Cantinflas iba siempre a estar metido en problemas, haciéndoles la vida imposible a todos los que lo rodeaban. Decidí que Cantinflas iba a ser particularmente adepto a complicar la conversación cuando debiera enfrentarse a los gañanes para salvar a algún desvalido que necesitara de su ayuda. ¿Me entienden, manitos? O también al intentar enamorar con palabras románticas a alguna señorita que fuera el amor de sus amores, el ensueño de sus ensueños y la razón de su insistir. O también para tratar de salir ileso de algún problema, especialmente cuando fuera injustamente acusado.

Por eso, cuando estaba inventando una de mis películas, escribí:

CANTINFLAS: ¡Protesto, señor juez!
¿De manera que usted cree que yo actué con
premedición, alejaba y ventosía? Si nomás
supone que yo soy culpable, quiere decir que
no sabe lo que está diciendo. Y si no sabe lo
que está diciendo, quiere decir que se basa en
puras habladas, y a nadie se le juzga por puras
habladas. De que alguno diga nomás porque
habló, y el otro contestó, al otro se le juzgue.
¿Y usted dónde cree que yo estoy? Pues debería
saberlo. Yo estoy donde no debería de estar,
y usted está en su lugar. De manera que usted
se queda y yo me voy.

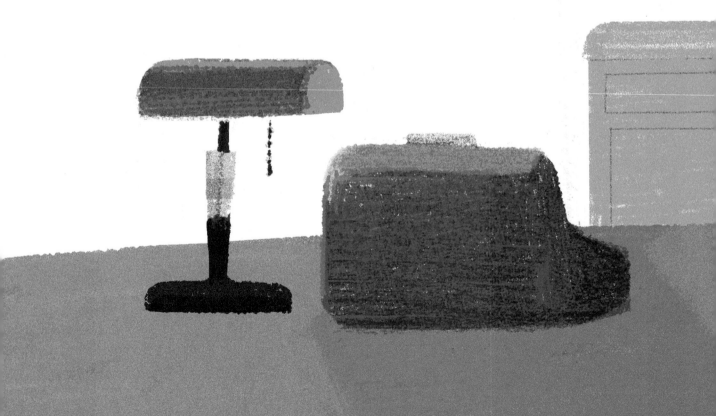

La gente se rio. Se rio mucho. Así como ácido sulfurado, o como si les estuvieran haciendo cosquillas con muchas manos. Y eso a mí me dio más ideas para seguir inventando películas, porque cada vez que me sentaba a escribir un guion se me ocurrían nuevas aventuras.

Cantinflas dio la vuelta al mundo, bailó con princesas, estuvo preso y se fugó, se vistió de sotana y se enfrentó a peligrosos asesinos. Y mientras más lejos llegaba, más crecía su fama. Y mientras más famoso se hacía, más divertidas eran sus ocurrencias y su manera tan especial de decir las cosas, mezclando todos los verbos desde el presente del indigestivo hasta el pretérito del pluscuamperfecto.

Por eso nunca les puse puntos suspensorios a sus ganas de hablar de todo, incluso de temas que ni él mismo entendía o de cosas que no se ven, pero que tendrían que verse.

CANTINFLAS: Los átomos son una cosa que usted naturalmente no comprende porque son cosas que no se ven. Son partículas, señor, que viene siendo agarrando una fuerza que, al frote, o sea, más bien... El átomo es una cosa tan fuerte que al estallar viene cayendo poco a poco, que parece que no roza, pero llega el momento en que explota, y entonces la frotación del mismo átomo hace que la partícula desintegrante se unifique uniformemente, pero al mismo tiempo desintegrada, entonces como ya quien dice explotó.

Por eso, ahora que ya saben lo que antes no sabían, les repito la pregunta: ¿quién puede ser barrendero, torero, policía, sacerdote y analfabeto al mismo tiempo, y ganarse de paso el corazón de todo el planeta? Pues yo, Cantinflas. Pero también pueden serlo todos ustedes a los que les gusta cantinflear y que disfrutan de una buena cantinflada, esos que eligen hablar así muy cantinflescos y que no les da pena ajena ser un cantinflero de tomo y lomo.

Y como uno tiene sus sentimientos a flor de piel, ahora me callo porque de la pura emoción se me sale una lagrimita. Y sin que me lo pidan me voy yendo a seguir provocando risas y emociones a otros lugares, porque para eso Mario Moreno se convirtió en Cantinflas: para hacer reír a todos por los siglos de los siglos. ¿O no, chatos?

cantinflear:

De *Cantinflas*, popular
actor mexicano, y -ear.

1. intr. coloq. *Cuba y Méx.*
Hablar o actuar
de forma disparatada
e incongruente y sin decir
nada con sustancia.

José Ignacio nos habla de Cantinflas

En Chile, mi país natal, Cantinflas goza de una enorme popularidad. En televisión repiten siempre sus películas durante los fines de semana y por eso crecí viéndolas y riéndome a carcajadas con sus ocurrencias. Con el tiempo descubrí que detrás del personaje estaba Mario Moreno, un talentosísimo artista que había nacido en Ciudad de México el 12 de agosto de 1911. Antes de hacerse actor y de interpretar a Cantinflas, Mario había sido ayudante de zapatero, cartero, taxista, empleado de billar, boxeador y hasta torero. Por suerte, a temprana edad descubrió que tenía una increíble facilidad para jugar con las palabras, torcer la manera de construir las frases y usar diversas entonaciones para decir sus ocurrencias.

Gracias a ese talento comenzó haciendo pequeños números humorísticos en carpas de cómicos ambulantes. El éxito le llegó cuando consiguió firmar un contrato para hacer su primera película. En muy poco tiempo, Cantinflas conquistó el corazón de todos los mexicanos. Y, con el paso de los años, del mundo entero. Fue tanto el impacto que causó en la audiencia, que se le llegó a llamar "el Chaplin mexicano" por su humor cargado de sátira social, haciendo referencia al gran comediante británico Charles Chaplin, un símbolo del humorismo y el rey del cine mudo a comienzos del siglo XX.

Mario Moreno hizo más de cincuenta películas, tanto en blanco y negro como en color. Y en todas ellas lo más importante era la manera en que Cantinflas decía sus parlamentos. La gente gozaba escuchándolo entablar una conversación totalmente normal en apariencia para ir, poco a poco, complicándola hasta que nadie, ni siquiera los otros personajes de la película, era capaz de entender lo que estaba diciendo.

A esa única y particular forma de hablar, la Real Academia Española la llamó una "cantinflada", en honor al mítico personaje. Y fue tal el impacto, que la "cantinflada" se comenzó a usar de manera popular. Por ello, hoy en día se le dice a alguien "estás cantinfleando" cuando esa persona está complicando en exceso alguna explicación y está diciendo mucho sin decir nada. También existe hoy el verbo "cantinflear", el adjetivo "cantinflesco" y el sustantivo "cantinfleo". ¿Te das cuenta? El genio artístico de Mario Moreno nos regaló un personaje inolvidable y prácticamente un idioma propio y único. ¡Vamos todos a usarlo!

Glosario

adepto: Seguidor de alguien o de algo, como una idea o un movimiento.

ambulante: Que realiza su trabajo yendo de un lugar a otro sin quedarse en un sitio fijo.

analfabeto: Que no sabe leer ni escribir, ignorante.

años mozos: Años de juventud.

barrendero: Persona cuyo trabajo es barrer.

carnal: Amigote, casi un pariente. (mexicanismo)

chamba: Empleo, trabajo. (mexicanismo)

chato: En algunos países, es una forma muy informal, cariñosa y simpática para dirigirse a otra persona.

contiguo: Que está al lado.

desnegar: Contradecir, o decir que lo que alguien dice no es cierto.

desvalido: Que no tiene protección ni medios para defenderse solo.

frotación: Acción de frotar (pasar muchas veces algo sobre otra cosa con más o menos fuerza).

gabardina: Prenda de vestir para protegerse de la lluvia.

gañán: Hombre fuerte y rudo.

gracia: Nombre de pila. También, cualidad o conjunto de cualidades que hacen agradable a la persona que las tiene.

ileso: Que no ha sufrido daño.

mero: Preciso, mismo. El *mero mero* ("mero merísimo", como lo emplea Cantinflas) es el más importante o el principal. (mexicanismo)

ocurrencia: Idea o respuesta que se le ocurre a una persona de repente, que puede ser graciosa u original.

pálpito: Sensación de que algo va a pasar o va a ser como se dice.

pelado, peladito: En algunos países, un niño o muchacho, especialmente de origen humilde.

pluscuamperfecto: Tiempo verbal que indica una acción pasada ocurrida antes de otra acción pasada. Por ejemplo: Cuando llegué, ya había terminado la fiesta.

precipitoso: Que se precipita, o se lanza a realizar algo sin pensarlo mucho.

pretérito: Forma de los verbos que se usa para hablar del pasado.

retacharse: Volverse atrás. (mexicanismo)

sátira: El criticar a alguien o algo para dejarlo en ridículo.

sotana: Traje largo, por lo general negro, que llevan algunos sacerdotes y religiosos.

sulfurado: En química, cuerpo que está en estado de sulfuro (azufre combinado con otra sustancia). El ácido sulfúrico al que probablemente se refiere Cantinflas, produce efervescencia (burbujas agitadas) y humo cuando se mezcla con otras sustancias.

Cantinfladas

agüitarse: Probablemente, agitarse o enojarse; o frustrar un buen plan (como en la expresión "aguar la fiesta").

chamacones: Variante de *chamacos* (niños o muchachos en México y Centroamérica).

confiancitas: Confianza, seguridad.

confusionismo: Confusión, indecisión.

conmiguo: Conmigo (por la malinterpretación que resulta de desconocer la palabra *contiguo*).

habladas: Rumores, chismes.

la razón de su insistir: La razón de su existir.

premedición, alejaba y ventosía: Premeditación y alevosía.

presente del indigestivo: Presente del modo indicativo (de un verbo).

pretérito del pluscuamperfecto: Lo correcto es "pretérito pluscuamperfecto". Cantinflas hace una combinación disparatada de los términos pretérito y pluscuamperfecto, como si este último fuera un modo en lugar de un tiempo verbal, con la intención de que suene más complejo y rimbombante.

puntos suspensorios: Puntos suspensivos.

segundamente: En segundo lugar.

tapujar: Probablemente, escapar o fingir valentía.

tapujo, trastapujo: Probablemente, susto o complicación.

© De esta edición:
2020, Vista Higher Learning, Inc.
500 Boylston Street, Suite 620
Boston, MA 02116-3736
www.vistahigherlearning.com
www.loqueleo.com/us

© Del texto: 2020, José Ignacio Valenzuela

Dirección Creativa: José A. Blanco
Editora General: Sharla Zwirek
Desarrollo Editorial: Lisset López, Isabel C. Mendoza
Coordinación del proyecto: Brady Chin, Tiffany Kayes
Derechos: Jorgensen Fernandez, Annie Pickert Fuller
Producción: Oscar Díez, Sebastián Díez
Diseño: Radoslav Mateev, Sara Montoya, Gabriel Noreña
Ilustraciones: Manuel Monroy
Fotos de cubierta: (izquierda) AFP/Getty Images; (derecha) Mat Schwarz

Loqueleo es un sello editorial del **Grupo Santillana.** Estas son sus sedes:
ARGENTINA, BOLIVIA, BRASIL, CHILE, COLOMBIA, COSTA RICA, ECUADOR, EL SALVADOR, ESPAÑA, ESTADOS
UNIDOS, GUATEMALA, MÉXICO, PANAMÁ, PARAGUAY, PERÚ, PORTUGAL, PUERTO RICO, REPÚBLICA DOMINICANA,
URUGUAY Y VENEZUELA.

Conoce a Mario Moreno "Cantinflas"
ISBN: 978-1-54331-674-2

Published in the United States of America

2 3 4 5 6 7 8 9 GP 25 24 23 22